Uma aventura no reino da Batatinha
Aprendendo a cooperar

Copyright © 2012 *by*
FEDERAÇÃO ESPÍRITA BRASILEIRA – FEB

1ª edição – 1ª impressão – 2 mil exemplares – 6/2013

ISBN 978-85-7328-789-9

Todos os direitos reservados. Nenhuma parte desta publicação pode ser reproduzida, armazenada ou transmitida, total ou parcialmente, por quaisquer métodos ou processos, sem autorização do detentor do *copyright*.

FEDERAÇÃO ESPÍRITA BRASILEIRA – FEB
Av. L2 Norte – Q. 603 – Conjunto F (SGAN)
70830-030 – Brasília (DF) – Brasil
www.feblivraria.com.br
editorial@febnet.org.br
+55 61 2101 6198

Pedidos de livros à FEB – Departamento Editorial
Tel.: (21) 2187 8282 / Fax: (21) 2187 8298

Texto revisado conforme o Novo Acordo Ortográfico.

Dados Internacionais de Catalogação na Publicação (CIP)
(Federação Espírita Brasileira – Biblioteca de Obras Raras)

C193a   Campello, Regina, 1965–

         Uma aventura no reino da Batatinha: aprendendo a cooperar / Regina Campello; [Ilustrações: Lourival Bandeira de Melo Neto]. 1. ed. 1. imp. – Brasília: FEB, 2013.

         30 p.; il. color.; 21 cm

         ISBN 978-85-7328-789-9

         1. Espiritismo. 2. Literatura infantil. I. Melo Neto, Lourival Bandeira. II. Federação Espírita Brasileira. III. Título.

         CDD 869.3
         CDU 869-3
         CDE 81.00.00

Regina Campello

Uma aventura no reino da Batatinha

Aprendendo a cooperar

Era uma tarde quente de verão e todos obedeciam à rotina diária. O labrador Mozart, chefe da matilha e cão mais velho, descansa suas pernas doloridas, mas permanece atento a tudo o que acontece: ele é o líder. Um pouco mais distante, está o labrador Chopin, um cão especial. Especial porque não enxerga muito bem e não pode fazer muita coisa. Também não tem muitos direitos: não pode latir no portão, não pode paparicar a dona, enfim, só pode mesmo comer e dormir. Ali perto está Isa, a gata charmosa do pedaço. Foi abandonada com os irmãos na casa vazia do vizinho, mas logo foi adotada. Que sorte!

O gramado é palco de fartura: o jabuti come os hibiscos que caem no chão sem prestar a atenção em mais nada. O caramujo procura as folhas secas, mas também as fresquinhas. O canário não está muito satisfeito: o caseiro cortou a grama, e as sementinhas foram junto. Além disso, ele deve estar muito atento, porque, ali naquela casa, também mora uma caçadora por excelência. E é com ela que a nossa aventura começa.

Batatinha é uma "pointer-lata" muito fofa que integra o quadro de cães da casa. Quando pequena, também foi abandonada na rua — como é que alguém pode fazer isso? Quando sua dona voltava da aula de adestramento com os labradores, viu aquela bolinha branca andando toda serelepe na beira da estrada, aí não resistiu e a levou pra casa. Batatinha é a princesinha da casa, a caçulinha, a vira-lata mais esperta do mundo! Não é a líder da matilha, mas faz o que quer... E o Mozart que se cuide.

Sua rotina é correr atrás dos passarinhos que vêm comer a ração, as sementes e os coquinhos do jardim. Ela não liga muito para o jabuti nem para os caramujos, mas é o terror dos gambás da região. Fora isso, Batatinha é muito dócil e brincalhona. Embora passe o dia correndo atrás dos passarinhos, e ela corre muito, nunca pegou nenhum.

E por falar em passarinho, além dos canários, o gramado é também visitado pelas cambaxirras, um passarinho miúdo e gordinho que canta o dia inteiro. E, naquela tarde rotineira, algo de novo aconteceu no reino da Batatinha.

Um filhote de cambaxirra estava procurando bichinhos pelo quintal e pulou para a vala que recolhe a água da chuva. Nessa vala existe um cano grosso que joga fora a água da caixa d'água quando ela transborda. Normalmente esse cano está sempre cheio de folhas secas, mas o caramujo havia comido tudo, por isso o caminho estava livre para a pequena cambaxirra. Resultado: ela foi pulando, pulando até que caiu na caixa d'água. Por sorte ainda havia algumas folhas lá dentro e a cambaxirra se apoiou numa delas. Desesperada começou a piar bem alto.

— Socorro! Mamãe, papai! Eu estou aqui na caixa d'água!

Só que os seus pios não foram ouvidos pelos pais, nem pela Batatinha, nem pelos caramujos. Mas não passaram despercebidos aos potentes e atentos ouvidos de Mozart. Ele sabia que alguém havia caído na água, mas pensou que fosse na piscina da casa.

— Hei! Batatinha vem aqui agora menina! Para de correr atrás desses passarinhos e escuta.

Esbaforida, Batatinha corre ao encontro do seu líder:

— Que foi, Mô?

Mozart então responde:

— Você não está ouvindo? Tem alguém pedindo socorro lá na piscina. Corre e vê o que está acontecendo. Estou com muita dor na perna hoje e não posso me levantar.

Rápida como uma ventania, Batatinha foi até a piscina e não encontrou ninguém. E a cambaxirra continuou a piar:

— Papai, mamãe! Alguém vem me salvar! Está muito escuro aqui e estou com medo!

Mozart latiu bem alto desta vez:

— Batatinha! Tem alguém se afogando na piscina, corre lá!

E mais agitada ainda, Batatinha respondeu:

— Não tem ninguém na piscina, Mozart. Já fui lá.

Neste momento, ela ouviu um pio mais forte da cambaxirra e continuou:

— Eu ouvi! Estou ouvindo agora! Onde você está? Cadê você?

Agora Batatinha ficou mais desesperada que a cambaxirra. Correu em cada canto do terreno, em todos os canteiros, na churrasqueira, na piscina, nas vasilhas de água, nos vasos, enfim, tudo. Cada vez que passava de um lado para o outro, pulava em cima da tampa da caixa d'água e a cambaxirra piava mais alto. Com latidos agudos e curtos, Batatinha disse:

— Eu não estou te vendo! Onde você está? Pessoal, vamos ajudar! Chopin, acorda! — Chopin, que estava dormindo, levou um susto e bateu com a cabeça no banco da churrasqueira.

— Ai! O que foi? — Chopin não enxergava direito, mas possuía excelente faro, e audição apuradíssima. Assim que acordou, sentiu logo um cheiro diferente e disse:

— Hum. Estou sentindo cheiro de passarinho molhado. Alguém caiu na piscina? Não estou vendo direito.

Batatinha então respondeu:

— Você também? O Mozart disse que alguém está pedindo socorro na piscina, mas eu não achei ninguém lá. Também estou ouvindo um passarinho, mas não sei onde ele está.

Chopin então disse:

— Deixa comigo! — E cambaleando pelo caminho, bateu de novo com a cabeça no banco, tropeçou na escada, esbarrou na Batatinha e, seguindo o seu faro e sua audição, chegou até a tampa da caixa d'água. Batatinha parecia mais uma bolinha de ping-pong: pulava em volta de Chopin ao mesmo tempo em que dava uns latidos curtos e agudos.

— Ele está aqui. — Disse Chopin.

— Aqui? Na caixa d'água? — Perguntou Batatinha.

— Mas como ele entrou aí? A tampa está fechada. Vou tentar abrir.

Então a cachorrinha deu uma boa olhada na tampa, passou o focinho nela toda e arranhou com muita rapidez, até que conseguiu abrir. Assim que ela abriu, deu de cara com a cambaxirra. Que momento difícil para a Batatinha! O que fazer? Seus instintos mandaram abocanhar o pobre passarinho, mas seu sentimento falou mais alto, afinal quem estava ali era um filhotinho em perigo. Batatinha pôde ver claramente o medo nos olhos do pequeno bichinho e falou:

— Calma, filhote, eu vou te ajudar.

— Sai daqui! Você quer é me comer que eu sei. Eu já vi o que você faz todo dia. Fica correndo atrás da minha família e dos outros passarinhos. Socorro! — Disse apavorado o filhote de cambaxirra.

— É... Eu gosto de brincar, mas nunca peguei nenhum passarinho. Eu só quero ajudar. — Disse Batatinha.

— Mentira! Você quer me comer. Socorro!

Batatinha tentou convencer de todas as maneiras, mas não adiantou. Chopin se aproximou, mas, como não enxergava direito, não podia ajudar. Mozart nem conseguiu levantar do lugar e deixou pra caçula resolver o problema. Batatinha então começou a latir bem forte para chamar todos os bichos.

— Pessoal! Precisamos de ajuda aqui na caixa d'água. Venham todos!

Aos poucos, foram chegando, e o jabuti disse:

— Eu não posso ajudar. Se mergulhar aí, vou afundar.

O canário, muito aborrecido, grita lá de cima do telhado da churrasqueira:

— E eu não passo daqui. Não confio na Batatinha. Pobre cambaxirra.

E o caramujo disse:

— Eu não tenho força e, vocês sabem, meu negócio é escorregar na minha baba. Desculpe, cambaxirra.

E, cheia de dengo, a gata diz lá de cima da escada:

— Miaaauuu!! Eu gosto muito de passarinho, vocês sabem. Mas não gosto de água fria. Brrbrrbr!

Lá do meio do mato, surge a mamãe gambá e, muito aborrecida, reclama bem alto:

— Que bagunça é essa aí? Não veem que estou descansando? Preciso sair à noite toda para alimentar meus filhotes, e são muitos! Dá pra falar um pouco mais baixo? Tirem logo esse passarinho daí!

Batatinha não conseguiu segurar o instinto, ainda mais vendo a indiferença de Dona gambá. Mesmo assim, estava tão engajada em ajudar que resolveu dar uma lição:

— Hei! Que exemplo feio a senhora está dando aos seus filhotes, Dona gambá. Não vê que estamos todos tentando ajudar? Eu mesma poderia abocanhar esse bichinho, fácil. Mas eu me lembro de que um dia eu também corria perigo na estrada e uma pessoa me deu a mão. Graças a ela, hoje tenho uma casa, amigos, comida e muito carinho. Eu sei que posso muito bem me controlar e ajudar essa cambaxirra a voltar para os seus pais.

Neste momento, os pais da cambaxirra voltaram da caça à comida e piaram desesperados. A mãe gambá então falou:

— Você tem razão, Batatinha. Mas não posso entrar nessa caixa d'água, porque meus filhotes vão se afogar na minha bolsa.

Batatinha então disse para a cambaxirra:

— Venha, não tenha medo. Eu não vou machucar você. Minha patinha não chega até aí. O jeito é você entrar na minha boca mesmo.

— Não tenho mais forças... — Disse o filhote ao desmaiar e, largando o corpinho na folha, foi flutuando para a lateral da caixa d'água saindo de perto da tampa.

Batatinha então, desesperada, gritou:

— E agora? Nem posso mais ver o filhote. Como vamos tirá-lo de lá?

Aflita, começou a ganir e girar o corpo como quem está indeciso se mergulha ou não. Ela sabe que se mergulhar, ninguém poderá salvá-la, já que sua dona não está em casa. O que fazer? Então todos ouviram um som bem agudo, como um apito vindo do alto da amendoeira. Era a família de micos que morava no terreno do vizinho e nunca se atrevia a chegar perto dos cães. Tinha pavor de todos. Mesmo assim o pai gritou lá de cima:

— Olá! Nós ouvimos tudo e queremos ajudar. Nosso filhote sabe o que fazer, mas, por favor, fiquem calmos, porque ele se assusta à toa.

Então todos se calaram. O miquinho desceu das costas da mãe, pulou no telhado, desceu pelo corrimão da escada até a caixa d'água, pulou na vala e entrou no cano. Podia-se ouvir o som das suas unhas escorregando por dentro dele. Silêncio total. Nenhum pio, nem latido, nem assovio. Parecia até que todos haviam parado de respirar. Ouvidos atentos, corações acelerados e, depois de alguns segundos, uma surpresa. E não é que o miquinho conseguiu mesmo, gente!

— Viva! Viva o mico! — Todos gritaram e aplaudiram o pequeno filhote que, após soltar a cambaxirra, correu para as costas da mãe.

Foi preciso muita coragem para passar tão perto dos cães. Os passarinhos fizeram uma guirlanda de flores e deram para cada bicho que ajudou a cambaxirra. Até a gata Isa ganhou uma! Cada bicho recebeu sua lição: o caramujo passou a deixar as folhas no cano para ninguém mais cair na caixa d'água. O canário aprendeu que nem todos os cães querem apenas comê-lo e espalhou a notícia aos quatro ventos orientando aos pais para que não deixem seus filhotes sozinhos. O jabuti parou de olhar sempre para o chão e passou a prestar mais atenção aos que compartilham o mesmo espaço. A gata Isa refletiu sobre a maneira de pensar só em si própria e gostou muito da ideia de ajudar o outro. Mamãe gambá parou de ser tão mandona e descobriu um sentimento novo: compaixão.

Mozart percebeu que ser um líder não significa que só ele pode resolver os problemas do grupo. Deve sim, dividir com os outros e continuar liderando, por isso, passou a deixar o Chopin latir no portão também. E o Chopin, que passou a dormir menos, descobriu que o exercício físico ajuda a melhorar a qualidade de vida. Depois que passou a correr, virou desportista e emagreceu que foi uma beleza! A família de micos passou a confiar em seus vizinhos e a visitá-los todos os dias. Batatinha aprendeu a controlar suas fraquezas, pois, se não fosse o seu empenho e sua perseverança, nada disso teria acontecido.

No dia seguinte, a rotina recomeçou, mas ninguém mais foi o mesmo bicho de sempre. Batatinha continuou a correr pelo gramado, mas deixou de ser uma ameaça para os canários e as cambaxirras. E o filhote? Todos os dias ele dá um show de cantoria agradecendo a Deus e a todos a sua linda vida.

Como funciona?

Utilize o aplicativo QR Code no seu aparelho celular ou *tablet*, posicione o leitor sobre a figura demonstrada acima, a imagem será captada através da câmera do seu aparelho e serão decodificadas as informações que levarão você para o *site* da Editora.

Conselho Editorial:
Antonio Cesar Perri de Carvalho - Presidente

Coordenação Editorial:
Geraldo Campetti Sobrinho

Produção Editorial:
Fernando Cesar Quaglia
Rosiane Dias Rodrigues

Coordenação de Revisão:
Davi Miranda

Revisão:
Lígia Dib Carneiro

Ilustração:
Lourival Bandeira de Melo Neto

Capa:
Ingrid Saori Furuta

Projeto Gráfico e Diagramação:
Ingrid Saori Furuta

Normalização Técnica:
Biblioteca de Obras Raras e Patrimônio do Livro

Esta edição foi impressa pela Ediouro Gráfica e Editora Ltda., com tiragem de 2 mil exemplares, todos em formato fechado de 210x210 mm. Os papéis utilizados foram o Couché Brilho 115g/m² para o miolo e o cartão Supremo 300g/m² para a capa. O texto principal foi composto em fonte Overlock 12/18.